W0367989

Le ballon de Tibi

MIXTE
Papier issu de sources responsables
FSC® C022030

© 2011 Éditions NATHAN, SEJER, 25 avenue Pierre de Coubertin, 75013 Paris
Loi n°49-956 du 16 juillet 1949 sur les publications destinées à la jeunesse,
modifiée par la loi n° 2011-525 du 17 mai 2011.
ISBN : 978-2-09-252832-7
N° éditeur : 10211611 - Dépôt légal : juin 2011
Imprimé en janvier 2015 par Pollina, Luçon, 85400, France - L70302b

Zidrou

Le ballon de Tibi

Illustrations de Frédéric Rébéna

Nathan

Le ballon de Tibi

est mort.

Son beau ballon de foot.

Tibi jouait avec son frère

Moussa.

Le ballon est allé s'enfoncer

sur une barre en fer.

Et maintenant, il est mort.

Plus tard, Tibi sera joueur de football professionnel. Il jouera au Real Madrid. On le surnommera « le lion de Casamance » et il marquera plein de buts.

Il gagnera beaucoup d’argent. Il achètera une nouvelle maison à sa maman et une télévision pour que sa famille puisse le regarder – en direct ! – gagner la Coupe du monde. Plus tard…

Parce que, pour devenir joueur professionnel, il faut s'entraîner tous les jours et comment voulez-vous vous entraîner sans ballon ?
Le ballon, c'est Papa qui leur avait envoyé de France. Tibi n'a jamais joué au football avec son papa. Ni à rien d'autre d'ailleurs. Depuis que Tibi est tout petit, Papa travaille en France. Il y construit des autoroutes.
Dans sa dernière lettre, Papa a écrit qu'il n'y avait plus de travail pour lui, que c'était la crise en Europe. Peut-être même devra-t-il revenir bientôt au pays. Comme ça, Tibi pourra enfin jouer au football avec son papa.

BAR
ENTRÉ

Moussa a proposé :
– Si on demandait à Tonton Moustafa de le réparer ?

On ne le croirait pas à le voir comme ça mais, quand il était jeune, Tonton était le gardien de but de l'Étoile de Dakar. Maintenant, il est le gardien de la maison de madame Garnier, la doctoresse du dispensaire.
– Tenez ! Qui voilà ? rigole Oncle Moustafa. La future star du Real Madrid !

Tonton tâte le ballon crevé.

– Ce ballon-là ne marquera plus jamais de buts, je le crains. Impossible de le réparer.

Tibi est tout triste. Le ballon de Papa…

– Mais, dit l’ancien gardien de but, je connais un moyen pour avoir un nouveau ballon. Pour ça, il faut des sacs en plastique.

– Combien ?

– Tout plein ! répond Tonton. Je vous expliquerai après.

Moussa est grand, il sait des tas de choses que Tibi ne sait pas :
– Si nous ramassons des kilos et des kilos de sacs, Oncle Moustafa pourra les revendre et nous, avec l'argent, nous pourrons acheter un ballon neuf.

Tibi file demander à sa maman :

– Maman, tu peux me donner des sacs en plastique ?

– Hum ! Les sacs, je les réutilise pour mettre les déchets dedans. Mais je vais quand même t'en donner quelques-uns.

Moussa, pendant ce temps, se précipite chez leur voisine, Madame Radio. On l'appelle comme ça parce qu'elle chante tout le temps.

– Des sacs en plastique ? Il y en a dans ce panier : sers-toi ! Les sacs, c'est comme les hommes et leurs belles promesses : il en revient toujours assez !

– 14 !… 15 !… 16 !… 17 !

Les deux frères ont récolté dix-sept sacs. C'est bien, mais c'est loin de faire « tout plein ».

– Allons demander à Boutik, propose Moussa. Il nous en donnera bien quelques-uns !

Boutik est le patron du magasin du

village. Quand un client achète plusieurs produits, Boutik lui donne un sac en plastique pour ranger ses achats. Des sacs, Boutik en a des centaines sous son comptoir. Mais il ne veut pas en donner aux deux garçons.

– Vous savez combien ça me coûte, ces sacs ? grogne le vieil homme. En plus, avec la crise, les clients achètent moins qu'avant.

La crise ? Tibi ne savait pas qu'il y avait aussi la crise, ici, en Afrique !

– Un sac par-ci, trois sacs par-là. On n'y arrivera jamais comme ça ! se désespère Moussa.

– J'ai une idée ! lance Tibi.

Quand on sort du village, en direction de la voie de chemin de fer, on passe par une grande plaine où il n'y a rien. De la terre sèche, des cailloux et des sacs en plastique. Des centaines et des centaines de sacs en plastique ! Lorsque le vent se lève sur la plaine, il invite les sacs en plastique à danser

avec lui. Il faut voir alors les sacs se trémousser de bonheur, virevolter dans les airs, puis se lancer dans une folle farandole ! Bientôt, le vent en a assez de danser et s'en va souffler ailleurs. Les sacs retombent sur le sol, épuisés. La grande plaine, à ce moment, ressemble à un champ couvert de fleurs jaunes, roses, blanches…

Tibi et Moussa ont tout prévu : deux bâtons pointus pour piquer les sacs sur le sol, une grande caisse en carton pour les y fourrer et une bouteille d'eau s'ils ont soif.
Au début, c'est amusant de ramasser les sacs en piquant le bâton dedans.
Mais, très vite, ça devient fatigant.
– Pfff ! souffle Moussa. On a assez de sacs comme ça, non ?

– Tonton a dit : « tout plein », l'encourage Tibi. On rentrera quand la caisse sera remplie.

Alors, ils entonnent une chanson pour se donner du courage. Une chanson, c'est comme un sourire : ça vous regonfle le moral.

– Houla ! fait Moustafa, impressionné en découvrant la quantité de sacs. J'avais dit « tout plein », mais, là, il y en a beaucoup trop !

Moussa regarde Tibi d'un air mauvais.

– Ce n'est pas grave, rigole Tonton. Comme ça, vous pourrez fabriquer plusieurs ballons.

– Comment ça *fabriquer* ? s'étonne Moussa. Je croyais que tu allais nous donner de l'argent pour nous acheter un ballon !

– Pour qu'il finisse comme l'autre ? Non. Je vais vous apprendre à fabriquer des ballons. Comme ça, vous n'en manquerez jamais.

Pour fabriquer un ballon avec des sacs en plastique, il faut bourrer un sac avec d'autres sacs, puis faire un nœud dedans. Après, on met la grosse boule dans un autre sac auquel on fait aussi un nœud. Et ainsi de suite jusqu'à obtenir une boule de la dimension d'un ballon.

Il ne reste plus alors qu'à rentrer le nœud qui dépasse dans la boule… et à jouer ! Moussa et Tibi ont voulu essayer immédiatement leur nouveau ballon. Pour l'occasion, Tonton Moustafa s'est mis dans les cages.

Mais elle est loin l'époque où il était gardien à l'Étoile de Dakar, et Tibi lui a marqué sept buts.

Le ballon d'Oncle Moustafa a eu tellement de succès que tous les enfants du village ont voulu avoir le leur. Maintenant tout le monde surnomme Tonton : « l'homme qui pond des ballons ».

7

Zidrou

Zidrou est un vrai petit chien : dès qu'il voit un ballon ou une balle, il se met à courir après ! Et quand il n'en a pas sous la main (ou le pied), il les fabrique !
Comme ça, la prochaine fois que vous croiserez sa route, vous saurez quel cadeau lui offrir !

Frédéric Rébéna

C'est un ballon avec l'ours Colargol imprimé dessus que Frédéric avait petit. Avec, il partait jouer dans le jardin. C'était bien.
Il en avait aussi un vrai, en faux cuir, que son frère lui a envoyé dans la tête un jour parce qu'il avait shooté un peu fort.
Celui-là a fini sa course chez les voisins et jamais Frédéric n'alla le récupérer.

DÉCOUVRE UN AUTRE TITRE DE LA COLLECTION

premiers romans

Tous les jours, c'est foot !

Une série écrite par Hubert Ben Kemoun,
Illustrée par Régis Faller

« À la récréation après la cantine, il y a toujours foot. Tous les garçons jouent, sauf moi. Ils prétendent que je ne cours pas assez vite. Même comme gardien, les copains ne veulent pas de moi dans leur équipe.

Ils disent :

– Nicolas, t'es pas un goal, t'es une passoire !

Je serais d'accord pour être arbitre, mais ils trouvent que je ne connais pas assez bien les règles. C'est que le foot, c'est drôlement sérieux. »

Devenir un pro du foot, ça n'intéresse pas Nico. Tout ce qu'il veut, c'est jouer avec ses copains. Comment faire pour les convaincre de l'accepter sur le terrain ?